Die Gabe der Ruhe
und Gelassenheit
ist besonders notwendig.
Mit ihr lassen sich alle Übel
in Freude ertragen.
Johannes XXIII.

Johannes XXIII.

Man muss der Zeit Zeit lassen

10 Gebote der Gelassenheit

benno

1.
Heute, nur heute

werde ich mich bemühen,
den Tag zu leben,
ohne die Probleme
meines Lebens
auf einmal lösen zu wollen.

2.
Heute, nur heute

werde ich auf ein
zurückhaltendes Auftreten achten:
Ich werde niemanden kritisieren,
ich werde nicht danach streben,
die anderen zu korrigieren
oder zu verbessern –
nur mich selbst.

3.
Heute, nur heute

werde ich
in der Gewissheit
glücklich sein,
dass ich für das Glück
geschaffen bin –
nicht nur für die andere,
sondern auch für diese Welt.

4.
Heute, nur heute

werde ich mich
an die Umstände anpassen,
ohne zu verlangen,
dass die Umstände sich
meinen Wünschen
anpassen.

5.
Heute, nur heute

werde ich zehn Minuten meiner Zeit
einer guten Lektüre widmen;
wie die Nahrung
für das leibliche Leben
notwendig ist,
so ist die gute Lektüre notwendig
für das Leben der Seele.

6.
Heute, nur heute

werde ich
eine gute Tat vollbringen,
und ich werde es
niemandem erzählen.

7.
Heute, nur heute

werde ich etwas tun,
wozu ich eigentlich
keine Lust habe;
sollte ich es als eine
Zumutung empfinden,
werde ich dafür sorgen,
dass niemand es merkt.

8.

Heute, nur heute

werde ich ein genaues
Tagesprogramm aufstellen.
Vielleicht halte ich mich
nicht genau daran,
aber ich werde es aufsetzen.
Und ich werde mich
vor zwei Übeln hüten:
vor der Hetze und vor
der Unentschlossenheit.

9.

Heute, nur heute

werde ich fest daran glauben –
selbst wenn die Umstände
mir das Gegenteil zeigen sollten –,
dass die gütige Vorsehung Gottes
sich um mich kümmert,
als gäbe es sonst
niemanden auf der Welt.

10.
Heute, nur heute

werde ich keine Angst haben.
Ganz besonders werde ich
keine Angst haben,
mich an allem zu freuen,
was schön ist,
und an die Güte glauben.

Nimm dir nicht zu viel vor.
Es genügt die friedliche,
ruhige Suche nach
dem Guten an jedem Tag
zu jeder Stunde,
und ohne Übertreibung
und ohne Ungeduld.

Johannes XXIII.

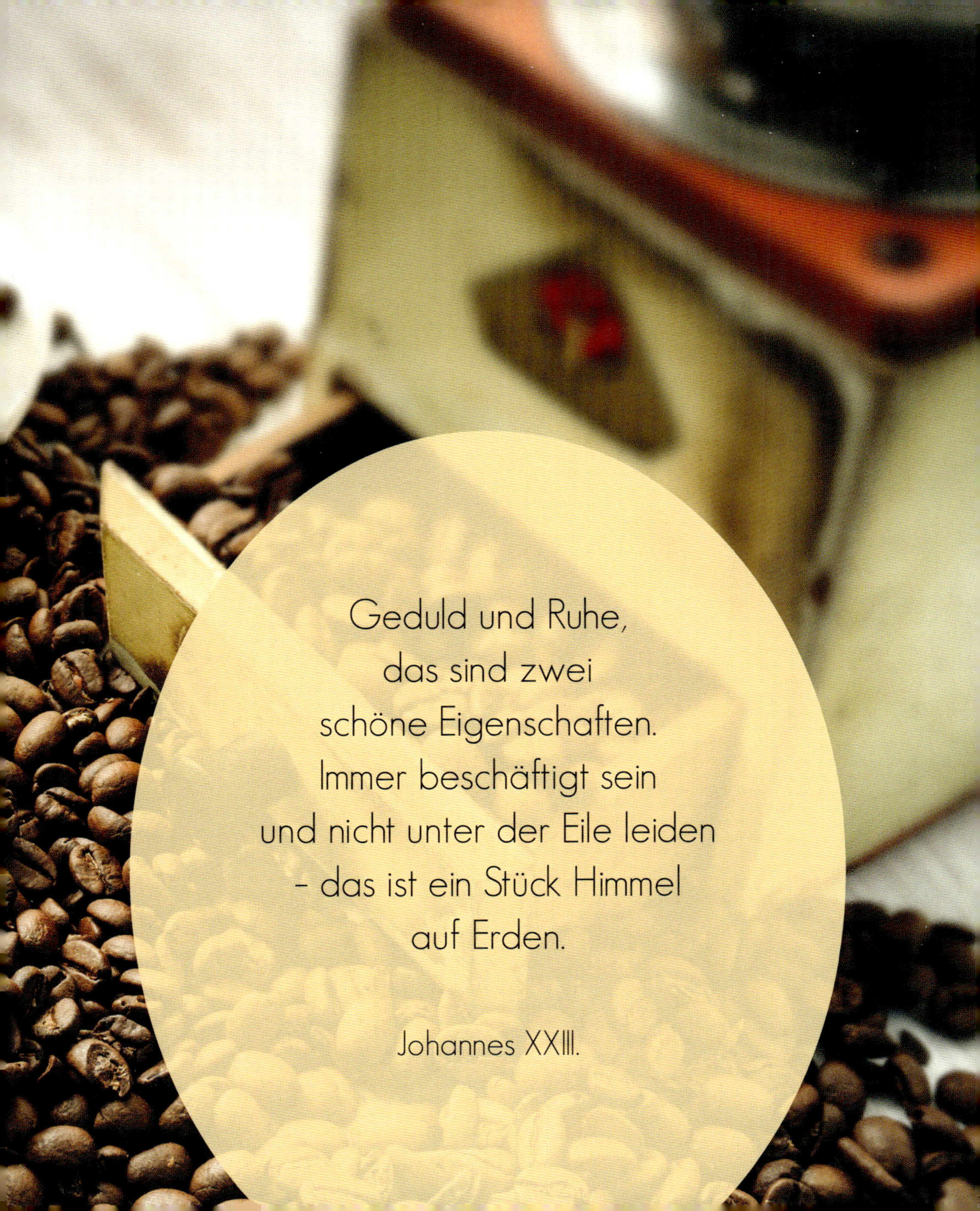

Geduld und Ruhe,
das sind zwei
schöne Eigenschaften.
Immer beschäftigt sein
und nicht unter der Eile leiden
- das ist ein Stück Himmel
auf Erden.

Johannes XXIII.

Johannes XXIII. strahlte eine tiefe innere Gelassenheit aus, die in seiner Gegenwart auch für andere geradezu körperlich spürbar war. Die gelassene Heiterkeit, mit der er durchs Leben ging, half dem überraschend zum Papst gewählten Johannes XXIII., die Bürde seines Amtes zu tragen. Einem neuernannten Bischof, der klagte, das neue Amt lasse ihn nicht mehr schlafen, entgegnete Johannes XXIII.: „Mir ging es in den ersten Wochen meines Pontifikats genauso, aber dann sah ich einmal im Wachtraum meinen Schutzengel, der mir zuraunte: ‚Giovanni, nimm dich nicht so wichtig ...' Seitdem schlafe ich wieder." Diese humorvolle Besonnenheit bewahrte er sich in jeder Lebenssituation. Als er kurz nach seiner Wahl zum Papst zur päpstlichen Unfehlbarkeit befragt wurde, antwortete er: „Ich bin zwar jetzt unfehlbar, gedenke aber nicht, davon Gebrauch zu machen." Und mit einem Augenzwinkern verriet er seine Lebensphilosophie: „Es genügt, von einem Tag zum anderen zu leben." Johannes XXIII. wusste, dass Verbissenheit und Hektik nur selten zum Ziel führen. An seinen Neffen Battista schrieb er: „An jedem Tag, der vergeht, musst du dir Mut machen: Du musst dich an die Anstrengung gewöhnen, dich über die guten Erfolge freuen, nach besseren streben; aber all das ohne Aufregung, im Gegenteil, mit viel Ruhe und Gelassenheit des Geistes ... Und wenn du täglich einen Schritt vorwärts gehst, kannst du sehr weit kommen."

Johannes XXIII.

(Angelo Giuseppe Roncalli), wurde am 25. November 1881 in Sotto il Monte in der Lombardei geboren. Bevor er am 28. Oktober 1958 als Nachfolger von Pius XII. zum 261. Papst gewählt wurde, war er 5 Jahre lang Patriarch von Venedig. Er wird wegen seiner Bescheidenheit und Volksnähe im Volksmund „il Papa buono“ (der gute Papst) genannt. Am 3. Juni 1963 starb Johannes XXIII. Johannes Paul II. sprach ihn im Jahr 2000 selig, Papst Franziskus 2014 heilig.

Bibliografische Information der Deutschen Nationalbibliothek
Die Deutsche Nationalbibliothek verzeichnet diese Publikation in der Deutschen Nationalbibliografie; detaillierte bibliografische Daten sind im Internet über http://dnb.d-nb.de abrufbar.

Fotonachweis:
Cover: © Boryana Manzurova/Shutterstock.com;
S. 2/3: © Antonova Ganna/Shutterstock.com;
S. 4: © neirfy/Fotolia.de;
S. 6/7: © Matej Kastelic/Shutterstock.com;
S. 8/9: © Sergey Nivens/Fotolia.de;
S. 10/11: © AnatSkwong/Shutterstock.com;
S. 12/13: © mr_nutto/Fotolia.de;
S. 14/15: © Koverninska Olga/Shutterstock.com;
S. 16/17: © by-studio/Fotolia.de;
S. 18/19: © mauritius images/Masterfile RM/Amy Whitt;
S. 20/21: © geertweggen/Fotolia.de;
S. 22/23: © Ingo Bartussek/Fotolia.de;
S. 24/25: © Marina/Fotolia.de;
S. 26/27: © Stillkost/Fotolia.de;
S. 28/29: © johannpicture/Fotolia.de;
S. 30/31: © Antonova Ganna/Shutterstock.com

Besuchen Sie uns im Internet:
www.st-benno.de

ISBN 978-3-7462-5286-5

Umschlaggestaltung: Rungwerth Design, Düsseldorf
Gesamtherstellung: Kontext, Lemsel (A)